Leer para Ente
Reading for Meaning

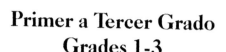

Primer a Tercer Grado
Grades 1-3

Escrito por/Written by Ruth Solski
Traducido por/Translated by Hellen Martínez
Ilustrado por/Illustrated by S&S Learning Materials

ISBN 1-55035-840-5
Copyright 2005
All rights reserved * Printed in Canada

Published in the United States by:
On the Mark Press
3909 Witmer Road PMB 175
Niagara Falls, New York
14305
www.onthemarkpress.com

Published in Canada by:
S&S Learning Materials
15 Dairy Avenue
Napanee, Ontario
K7R 1M4
www.sslearning.com

Bilingual Workbooks in Spanish and English

Basic Skills in Language and Mathematics for:

- ESL (English as a Second Language)
- SSL (Spanish as a Second Language)
- ELL (English Language Learners)

Congratulations on your purchase of a worthwhile learning resource! Here is a ready-to-use bilingual series for busy educators and parents. Use these workbooks to teach, review and reinforce basic skills in language and mathematics. The series' easy-to-use format provides Spanish content on the right-facing page, and the corresponding English content on the left-facing page. Comprised of curriculum-based material on reading, language and math, these workbooks are ideal for both first and second language learners.

Wherever possible, the activities in this series have been directly translated from one language to the other. This "direct translation" approach has been used with all activities featuring core skills that are the same in both Spanish and English. For the basic skills that differ between Spanish and English, an "adaptation" approach has been used. In the adapted activities, the Spanish content may be very different from the English content on the corresponding page – yet both worksheets present concepts and skills that are central to each language. By using a combination of both direct translations and adaptations of the activities, this bilingual series provides worksheets that will help children develop a solid understanding of the basic concepts in math, reading and language in both Spanish and English.

Leer para Entender/Reading for Meaning

Leer para Entender/Reading for Meaning is an effective resource for teaching or reviewing writing skills. The activities in this book provide practice in the following reading skills: finding the main idea, seeing relationships, drawing conclusions, making inferences, using context clues, noting details, observing sequence, following directions and understanding vocabulary.

Also Available

Spanish/English Practice in...

OTM-2524 • SSY1-24   Numeración/Numeration
OTM-2525 • SSY1-25   Adición/Addition
OTM-2526 • SSY1-26   Sustracción/Subtraction
OTM-2527 • SSY1-27   Fonética/Phonics
OTM-2528 • SSY1-28   Leer para Entender/Reading for Meaning
OTM-2529 • SSY1-29   Uso de las Mayúsculas y Reglas de Puntuación/
                    Capitalization & Punctuation
OTM-2530 • SSY1-30   Composición de Oraciones/Sentence Writing
OTM-2531 • SSY1-31   Composición de Historias/Story Writing

Cuadernos de trabajo bilingües en español e inglés

Fundamentos de lenguaje y matemática para:

- ISI (Inglés como Segundo Idioma)
- ESI (Español como Segundo Idioma)
- EII (Estudiantes de Idioma Inglés)

¡Felicitaciones por la compra de esta valiosísima fuente de aprendizaje! Aquí tiene usted una serie bilingüe para educadores y padres lista para usar. Estos libros de trabajo los puede utilizar para enseñar, revisar y reforzar las habilidades básicas de lenguaje y matemática. El formato fácil de usar de esta serie le permite hacer los mismos ejercicios en dos idiomas simultáneamente, pues presenta el contenido en español en la página derecha y el contenido equivalente en inglés en la página izquierda. Compuesto por material basado en currículos escolares en lectura, lenguaje y matemática, estos libros de trabajo son ideales para estudiantes que están aprendiendo inglés y/o español como primer o segundo idioma.

Las actividades de esta serie se han traducido del inglés al español tratando de mantener la mayor similitud posible, intentando lograr un enfoque de "traducción directa". Este enfoque se ha mantenido en todas las actividades principales tanto en inglés como en español, y en los casos en los que no se pudo hacer una traducción directa debido a las diferencias lingüísticas, se optó por la "adaptación" de las actividades. En las actividades que han sido adaptadas, el contenido en español varía del contenido de la página correspondiente en inglés, pero, aun así, ambas hojas de trabajo mantienen los conceptos y habilidades que son centrales en cada idioma. Empleando una combinación de traducción y adaptación de las actividades, esta serie bilingüe ofrece hojas de trabajo que ayudarán a su niño a desarrollar una sólida comprensión de los conceptos básicos en matemática, lectura y lenguaje tanto en español como en inglés.

Leer para Entender/Reading for Meaning

Leer para Entender/Reading for Meaning es un recurso efectivo para enseñar o revisar las habilidades de redacción. Las actividades de este libro ayudan a desarrollar las siguientes aptitudes de lectura: encontrar la idea principal, buscar relaciones, deducir conclusiones, hacer inferencias, usar contexto, anotar detalles, observar secuencias, seguir instrucciones y entender vocabulario.

También tiene disponible
Prácticas en Español/Inglés en...

OTM-2524 • SSY1-24	Numeración/Numeration	
OTM-2525 • SSY1-25	Adición/Addition	
OTM-2526 • SSY1-26	Sustracción/Subtraction	
OTM-2527 • SSY1-27	Fonética/Phonics	
OTM-2528 • SSY1-28	Leer para Entender/Reading for Meaning	
OTM-2529 • SSY1-29	Uso de las Mayúsculas y Reglas de Puntuación/ Capitalization & Punctuation	
OTM-2530 • SSY1-30	Composición de Oraciones/Sentence Writing	
OTM-2531 • SSY1-31	Composición de Historias/Story Writing	

Finding the Main Idea

Circle the word in each list that **does not** belong.

1. soccer hockey baseball reading football	2. orange grapefruit potato lemon lime	3. truck car bus tractor doll
4. robin squirrel crow cardinal chick-a-dee	5. pie cookies vegetables cake pudding	6. Wednesday Christmas Halloween Easter Thanksgiving
7. dog cat gerbil canary whale	8. June Tuesday August September April	9. ceiling floor windows doors sky

Skill: Main Idea.

Encontrando la idea principal

Encierra en un círculo la palabra que no pertenece al conjunto de la lista.

1. fútbol hockey béisbol lectura fútbol americano	**2.** naranja toronja patata limón lima	**3.** camión auto autobús tractor muñeca
4. petirrojo ardilla cuervo cardenal gorrión	**5.** pastel galletas vegetales tarta pudín	**6.** miércoles Navidad Día de las Brujas Pascua Día de Acción de Gracias
7. perro gato chinchilla canario ballena	**8.** junio martes agosto setiembre abril	**9.** techo piso ventanas puertas cielo

Objetivo: Entender la idea principal.

Finding the Main Idea

Read each group of words. **Circle** the group of words in each box that **does not** belong.

1. birthday cake party hats pretty presents happy children school books	2. colorful leaves frost on the grass blowing snow orange pumpkins rosy red apples	3. play in the sand make a snowman build a sand castle splash in the water look for sea shells
4. twinkling lights evergreen tree colorful balls eggs in a basket shiny garland	5. birds singing crashing thunder wind blowing lightning flashing pounding rain	6. swing on swings slide on slides play in a sand box ride the round about run to school
7. brushing my teeth riding my bike washing my face combing my hair getting dressed	8. vanilla pudding potato salad cherry pie chocolate cake oatmeal cookies	9. clowns jumping water running lions roaring horses prancing dogs dancing

Skill: Main idea.

Encontrando la idea principal

Lee cada grupo de palabras y **encierra en un círculo** el grupo de palabras de cada recuadro que no pertenece al conjunto.

1. pastel de cumpleaños gorros de fiesta regalos bonitos niños felices libros de la escuela	2. hojas de colores hielo en el césped nieve que cae calabazas anaranjadas manzanas rojas	3. jugar en la arena hacer un muñeco de nieve construir un castillo de arena chapotear en el agua buscar conchas marinas
4. juegos de luces árbol de pino esferas de colores huevos en la canasta guirnaldas brillantes	5. canto de pájaros estruendo de truenos soplido del viento centelleo de relámpagos lluvia copiosa	6. balancearse en columpios deslizarse por el tobogán jugar en una caja de arena correr por todos lados correr a la escuela
7. cepillarme los dientes montar mi bicicleta lavarme la cara peinarme vestirme	8. pudín de vainilla ensalada de patatas tarta de cerezas pastel de chocolate galletas de avena	9. payasos saltando agua corriendo leones rugiendo caballos brincando perros bailando

Objetivo: Entender la idea principal.

Finding the Main Idea

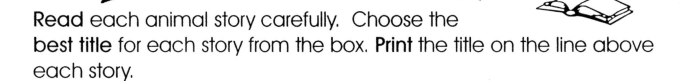

Read each animal story carefully. Choose the **best title** for each story from the box. **Print** the title on the line above each story.

Striped Horses	**A Useful Trunk**	**King of the Beasts**
People-like Animals	**Animal Skyscrapers**	**Hunters Beware!**

1. _____

Tigers have a rusty-yellow coat with black stripes. Some tigers are bigger than the largest lions. They hunt for deer, wild pigs and monkeys just before and after sunset.

Tigers fear only people with guns who hunt them for their skins.

2. _____

Zebras look very much like horses. There are four kinds of zebras. The best known ones are white with black stripes all over their bodies.

Zebras live on the plains or in the mountains of Africa. They feed on grass.

3. _____

Giraffes are the tallest living mammals. Their bodies are tan colored with big brown spots. They are found only in Africa.

Giraffes stretch their long necks to eat the leaves found on the branches of tall trees. They grab the branches with their long tongues and then bite them off with their sharp teeth.

4. _____

The gorilla is the largest of the apes and looks somewhat like a person.

During the day, they look for food to eat. When gorillas get dirty, they clean themselves, and when they get tired, they rest. Adult gorillas are very brave and will protect their family from danger.

Encontrando la idea principal

Lee cada una de las siguientes historias de animales cuidadosamente. Del recuadro de abajo, elige el **mejor título** para cada historia. Luego, **escribe** el título que elegiste en la línea de arriba de cada historia.

Caballos con rayas	Un tronco útil
El rey de las bestias	Animales que parecen personas
Rascacielos animales	Cuidado con los cazadores

1. _____

Los tigres tienen la piel de color ladrillo amarillento con rayas negras. Algunos tigres son más grandes que los leones más grandes que puedan existir. Estos animales cazan ciervos, jabalíes y monos justo antes y después del atardecer.

Los tigres sólo temen a las personas que portan armas que los cazan por su hermosa piel.

2. _____

Las zebras se parecen mucho a los caballos. Existen cuatro clases de zebras, siendo la más conocida la que tiene piel blanca y rayas negras en todo el cuerpo.

Las zebras viven en las praderas y montañas de África y se alimentan de pasto.

3. _____

Las jirafas son los mamíferos más altos que existen sobre la tierra. Sus cuerpos son de un color bronceado, con grandes manchas marrones. Las jirafas sólo habitan en África.

Las jirafas estiran sus largos cuellos para comer las hojas que se encuentran en las ramas de los árboles de gran altura. Estos animales toman las ramas con sus largas lenguas y luego las muerden con sus afilados dientes.

4. _____

El gorila es el simio más grande que existe y se parece mucho al hombre humano.

Los gorilas siempre viajan juntos en manada. Durante el día, los gorilas buscan comida para alimentarse. Cuando se ensucian, se limpian entre ellos y, cuando se cansan, descansan juntos. Los gorilas adultos son muy valientes y protegen a su familia ante cualquier peligro.

Seeing Relationships

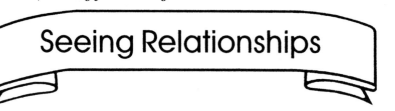

Underline the word in each group that doesn't belong.

1.	jumping	leaping	swimming	hopping
2.	path	road	trail	book
3.	blue	yellow	orange	broken
4.	bed	tent	bunk	cot
5.	floor	wall	door	yard
6.	toad	frog	turtle	owl
7.	begin	go	start	stop
8.	hum	tears	whistle	sing
9.	butter	cream	milk	eggs
10.	supper	breakfast	food	dinner
11.	pig	horse	sheep	lion
12.	coat	shovel	hat	gloves

Skill: Classifying Words.

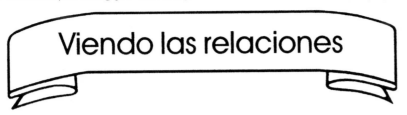

Viendo las relaciones

Subraya la palabra que no pertenece al conjunto.

1.	saltar	brincar	nadar	rebotar
2.	camino	sendero	vía	libro
3.	azul	amarillo	anaranjado	roto
4.	cama	tienda	litera	catre
5.	piso	pared	puerta	patio
6.	sapo	rana	tortuga	lechuza
7.	comenzar	iniciar	empezar	parar
8.	murmullo	lágrimas	silbido	canto
9.	mantequilla	crema	leche	huevos
10.	almuerzo	desayuno	alimentos	cena
11.	cerdo	caballo	oveja	león
12.	abrigo	pala	sombrero	guantes

Objetivo: Clasificar palabras.

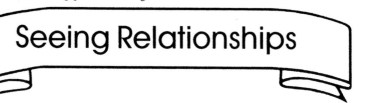

Seeing Relationships

Use the words in the box to finish the sentences.

1. Baseball, hockey, and soccer are all
   _____ .

2. Green, purple, and pink are all
   _____ .

3. Robins, bluejays, and crows are all
   _____ .

4. Boots, hats and coats are all
   _____ .

5. Chairs, beds, and lamps are all
   _____ .

6. Dogs, cats, and hamsters are all
   _____ .

7. Apples, pears, and oranges are all
   _____ .

8. Spring, summer, and fall are
   _____ .

9. Tulips, roses, and daffodils are all
   _____ .

10. Six, seven and eight are all
    _____ .

11. April, May, and June are all
    _____ .

12. Tuesday, Friday and Monday are all
    _____ .

days

fruits

clothes

furniture

pets

seasons

numbers

sports

flowers

colors

months

birds

Skill: Classifying Words.

Viendo las relaciones

Usa las palabras que aparecen en el recuadro de la derecha para terminar las oraciones.

1. Béisbol, hockey y fútbol son

   _____ .

2. Verde, morado y rosado son

   _____ .

3. Petirrojos, urracas y cuervos son

   _____ .

4. Botas, sombreros y abrigos son

   _____ .

5. Sillas, camas y lámparas son

   _____ .

6. Perros, gatos y hámsteres son

   _____ .

7. Manzanas, peras y naranjas son

   _____ .

8. Primavera, verano y otoño son

   _____ .

9. Tulipanes, rosas y narcisos son

   _____ .

10. Seis, siete y ocho son

    _____ .

11. Abril, mayo y junio son

    _____ .

12. Martes, viernes y lunes son

    _____ .

días
frutas
ropa
muebles
mascotas
estaciones
números
deportes
flores
colores
meses
aves

Objetivo: Clasificar palabras.

Seeing Relationships

What does each group of words tell?
Does it tell *where*, *when*, or *why*?
Print the word **where**, **when**, or **why** on the line provided after each group of words.

1. two weeks ago   _____

2. at the witch's house   _____

3. because of the noise   _____

4. yesterday   _____

5. at the edge of the forest   _____

6. on stormy nights   _____

7. because she was tired   _____

8. nearly midnight   _____

9. because they were kept awake   _____

10. in an old friendly house   _____

11. because the dogs howled   _____

12. going tomorrow   _____

13. in a helicopter   _____

14. at the castle   _____

15. near the bus stop   _____

16. on February 14   _____

Skill: Classifying Groups of Words.

Viendo las relaciones

¿Qué es lo que dice cada grupo de palabras?
¿Dicen el *dónde,* el *cuándo* o el *por qué*?
Escribe la palabra **dónde, cuándo** o **por qué** en las líneas
en blanco al lado de cada grupo de palabras.

1. hace dos semanas   _____

2. en la casa de la bruja   _____

3. debido al ruido   _____

4. ayer   _____

5. en las orillas del bosque   _____

6. en las noches con truenos   _____

7. porque estaba cansada   _____

8. casi a la media noche   _____

9. porque los mantuvieron despiertos   _____

10. en una vieja casa amigable   _____

11. porque los lobos aullaban   _____

12. yendo mañana   _____

13. en un helicóptero   _____

14. en el castillo   _____

15. cerca de la parada del autobús   _____

16. el 14 de febrero   _____

Objetivo: Clasificar grupos de palabras.

Seeing Relationships

Read each **riddle** carefully.
Find the answer in the pumpkin. Write the answer on the line provided.

mice   owl
ghost
costumes
cat   bats
cauldron
witch

1. My tall hat and broom tell you who I am.

   _____

2. Some people are afraid of me and some are not. Cats chase me.

   _____

3. I live in a haunted house. I am white as a sheet.

   _____

4. I am a witch's pet. I ride on her broomstick.

   _____

5. My eyes are large and round. My beak is strong. I hunt at night.

   _____

6. We are worn by children on Halloween night to scare you.

   _____

7. We fly at night. During the day we sleep upside down in old buildings.

   _____

8. The witch uses me when she makes her magic brew. I am large and black.

   _____

Skill: Drawing Conclusions.

Viendo las relaciones

Lee cada **adivinanza** cuidadosamente.
Encuentra la respuesta en la calabaza y escríbela en la línea en blanco debajo de cada adivinanza.

1. Mi gran sombrero negro y mi escoba te dicen quién soy.

   _____

2. Algunas personas me tienen miedo y otras no. A los gatos les gusta cazarme.

   _____

3. Vivo en una casa encantada. Soy blanco como una sábana.

   _____

ratones   lechuza

disfraces

fantasma

murciélagos

gato

caldero

bruja

4. Soy la mascota de una bruja. Viajo con ella en el palo de su escoba.

   _____

5. Mis ojos son grandes y redondos. Mi pico es fuerte y cazo por las noches.

   _____

6. Los niños se visten con nosotros el Día de Brujas para asustarte.

   _____

7. Volamos por las noches. Durante el día dormimos de cabeza en casas antiguas.

   _____

8. La bruja me usa cuando hace sus pociones mágicas. Soy grande y negro.

   _____

Objetivo: Deducir conclusiones.

Drawing Conclusions

Read the clues in each box carefully.
Find the **name of the place** the clues are
describing in the stack of books. Write the word on the line
provided.

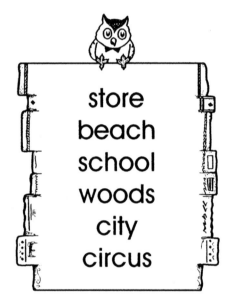

store
beach
school
woods
city
circus

1. sand and water
   hot sun
   children in swimsuits
   picnic lunches

   _____

2. a lot of books
   pencils, crayons, paints
   chalkboards, chalk, a lot of
   children

   _____

3. cool and leafy and green
   huge tree trunks
   a hopping rabbit
   birds chirping

   _____

4. cars, trucks, vans
   honking, banging
   stop signs, stop lights
   many people hurrying

   _____

5. tents and clowns
   noisy people and animals
   excitement, clapping
   elephants doing tricks

   _____

6. coats, dresses, shoes
   people shopping
   clerks wrapping things
   toys for children

   _____

Skill: Using Descriptive Vocabulary to Identify a Place.

Deduciendo conclusiones

Lee las pistas que se te da en cada recuadro cuidadosamente.
Encuentra el **nombre del lugar** que están describiendo las pistas en la
pila de libros. Escribe la palabra en la línea de abajo de cada recuadro.

tienda

playa

escuela

bosque

cuidad

circo

1. arena y agua
   sol caliente
   niños en trajes de baño
   picnic como almuerzo

   _____

2. muchos libros
   lápices, crayones, pinturas
   tizas, pizarras
   muchos niños

   _____

3. frío, con muchas hojas y verde
   troncos de árboles enormes
   un conejo saltando
   pajaritos piando y cantando

   _____

5. tiendas y payasos
   personas y animales haciendo
   ruido
   emoción, aplausos
   elefantes haciendo trucos

   _____

4. carros, camiones y
   camionetas
   ruido de bocinas
   señales de pare, semáforos
   muchas personas yendo con
   prisa

   _____

6. abrigos, vestidos, zapatos
   gente comprando
   vendedores envolviendo cosas
   juguetes para niños

   _____

Objetivo: Usar vocabulario descriptivo para identificar un lugar.

Drawing Conclusions

Read each story carefully. Answer the question with a **complete** sentence.

---

1. The young kangaroos were teasing Baby Kangaroo. Baby Kangaroo hopped to his mother quickly. Into her pouch he crawled.

   Why did Baby Kangaroo crawl into his mother's pouch?

   _____

   _____

---

2. The children were playing a noisy game. Their mother came home from work with a terrible headache. Their father asked them to play quietly.

   Why should the children play quietly?

   _____

   _____

---

3. In the barn, Mother Duck had four round, white eggs in a nest. She had to go and find something to eat.

   Why did Mother Duck leave her nest every day?

   _____

   _____

---

4. Little Frog was lost. He had left his pond to look for flies.   Now he could not find his way back. He began to cry.

   Why was Little Frog crying?

   _____

   _____

Skill: Telling Why an Action Happened.

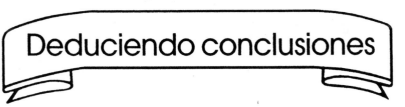

Deduciendo conclusiones

Lee cada historia cuidadosamente. Responde la pregunta con una oración **completa.**

---

1. Los canguros jóvenes se burlaban del canguro bebé. El canguro bebé saltó hacia su madre, metiéndose rápidamente en su marsupio.

   ¿Por qué el bebé canguro se metió en el marsupio de su mamá?

   _____

   _____

---

2. Los niños estaban jugando haciendo mucho ruido. Su mamá llegó de trabajar con un terrible dolor de cabeza. Su papá les pidió que jugaran sin hacer mucho ruido.

   ¿Por qué los niños debían jugar sin hacer mucho ruido?

   _____

   _____

---

3. En la granja, Mamá Pata tenía cuatro huevos blancos y redondos en su nido. Tenía que salir y buscar algo para comer.

   ¿Por qué Mamá Pata dejaba su nido todos los días?

   _____

   _____

---

4. El sapito estaba perdido. Había dejado su estanque para ir en busca de moscas. No podía encontrar el camino de regreso y empezó a llorar.

   ¿Por qué el sapito empezó a llorar?

   _____

   _____

Objetivo: Decir por qué pasa una acción.

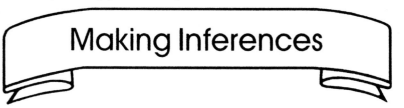

Making Inferences

In the list below are some **actions**.
Some of the actions are **loud** sounds while others are **soft** sounds.

If you think it is a soft sound, print **S** on the line. If you think it is a loud sound, print **L** on the line.

1. children screaming _____

2. snow falling _____

3. a fire bell clanging _____

4. a spider spinning a web _____

5. a kitten purring _____

6. a jet taking off _____

7. a watch ticking _____

8. dogs howling _____

9. a turtle walking _____

10. a train whistle blowing _____

11. children whispering _____

12. a dog sniffing his food _____

13. a fish swimming _____

14. a car backfiring _____

15. a strong wind blowing on a stormy night _____

16. a harp playing quiet music _____

17. a mouse eating cheese _____

18. a lawn mower cutting grass _____

19. a leaf falling from a tree _____

20. a robin chirping to her babies _____

21. an angry giant calling for his lunch _____

22. a crowd cheering for their favorite team _____

23. a car horn honking _____

24. a fire alarm ringing _____

25. the wind blowing _____

Skill: Classifying Sounds.

Haciendo inferencias

En la lista de abajo, se describe algunas **acciones**.
Algunas de estas acciones hacen sonidos **fuertes**, mientras
que otras hacen sonidos **suaves**.

Si crees que la acción hace un sonido suave, escribe la letra **S** en la
línea de al lado. Si piensas que hace un sonido fuerte, escribe la letra **F**.

1. niños gritando _____
2. nieve cayendo _____
3. una sirena de ambulancia sonando _____
4. una araña tejiendo su telaraña _____
5. un gato ronroneando _____
6. un avión despegando _____
7. un reloj haciendo tictac _____
8. perros aullando _____
9. una tortuga caminando _____
10. un tren haciendo sonar el silbato _____
11. niños susurrando _____
12. un perro olfateando su comida _____
13. un pez nadando _____
14. un auto arrancando _____

15. un viento fuerte soplando en una noche tormentosa _____
16. un arpa tocando una dulce melodía _____
17. un ratón comiendo queso _____
18. una podadora cortando el césped _____
19. una hoja cayendo de un árbol _____
20. un petirrojo piando a sus bebés _____
21. un gigante enojando su almuerzo _____
22. una multitud alentando a su equipo favorito _____
23. un auto tocando la bocina _____
24. una alarma contra incendios sonando _____
25. el viento soplando _____

Objetivo: Clasificar de sonidos.

Making Inferences

Read each sentence below carefully.
Choose **one** of the words from the box that tells how you would feel in each situation described. **Print** the word on the line provided.

excited	proud	content	annoyed	disappointed
happy	sorry	lucky	ashamed	worried
angry	sad	scared	curious	embarrassed

How would you feel if:

1. your team won the last game of the season. _____

2. you found out you had to move out of your room. _____

3. your best friend moved to another place far away. _____

4. you were playing ball and broke a window. _____

5. you played a bad trick on a friend and their feelings were hurt.

    _____

6. it rained the day that you were going to the zoo. _____

7. you found out that your family was moving to a new house.

    _____

8. you told a lie and your parents found out. _____

9. your parents punished you by not letting you go to the movies with your friends. _____

10. you were walking through the woods and a bear came out from behind a tree. _____

11. your mother yelled at you for something you didn't do. _____

12. you got perfect marks on your spelling test. _____

13. you got caught sneaking cookies from the cookie jar. _____

14. you peeked inside the box on the kitchen table. _____

Skill: Classifying Emotional Reactions.

Haciendo inferencias

Lee cada oración de abajo cuidadosamente.
Luego, elige **una** de las palabras que están en el recuadro de abajo que te diga cómo te sentirías en cada situación descrita. **Escribe** la palabra que elegiste en la línea en blanco.

emocionado	orgulloso	contento	molesto	decepcionado
feliz	apenado	suertudo	avergonzado	preocupado
enojado	triste	asustado	curioso	abochornado

¿Cómo te sentirías si:

1. tu equipo ganara el último juego de la temporada? _____
2. te enteraras que tienes que mudarte a otra habitación? _____
3. tu mejor amigo se mudara a un lugar lejano? _____
4. estuvieras jugando a la pelota y rompieras una ventana? _____
5. estuvieras jugándole una broma de mal gusto a un amigo e hirieras sus sentimientos? _____
6. lloviera el día que habías planeado ir al zoológico? _____
7. te enteraras que tu familia se está mudando a una casa nueva?

    _____
8. hubieras dicho una mentira y tus padres te descubrieran?

    _____
9. tus padres te castigaran no dejándote ir al cine con tus amigos?

    _____
10. estuvieras caminando en el bosque y saliera un oso de detrás de un árbol? _____
11. tu mamá te gritara por algo que no hiciste? _____
12. obtuvieras la máxima calificación en tu dictado? _____
13. te descubrieran sacando galletas de la caja de galletas?

    _____
14. miraras dentro del cajón de la mesa de la cocina? _____

Objetivo: Clasificar emociones.

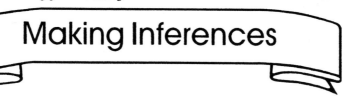
Making Inferences

Read each paragraph carefully.
Put an **X** in the box beside the word that tells how the person feels.

---

1. Kate was sure she would win a prize at the race on Saturday morning. When the day came Kate woke to find she was covered with red spots. She had the measles and couldn't go to the race.

    Kate feels ☐ disappointed   ☐ excited   ☐ sorry

---

2. Marty got a dog for his birthday. He taught his dog several tricks. "See what my dog can do," said Marty.

    Marty feels ☐ proud   ☐ happy   ☐ nervous

---

3. The children in Mrs. Solski's room had been busy making costumes and painting background pictures for a play. They enjoyed working on the play.

    They feel ☐ lonely   ☐ happy   ☐ curious

---

4. Andrea and Jeff are home alone. Suddenly they hear a loud crash at the back of the house. Then they hear a tapping sound on the window pane. "Do you think the wind is making that noise?" asked Jeff.

    They feel ☐ amused   ☐ scared   ☐ nervous

---

5. Arthur's mother promised him a bike for his birthday. The day before his birthday she had to tell him she did not have enough money to buy the bike.

    Arthur feels ☐ nervous   ☐ disappointed   ☐ proud

Skill: Making Inferences About Emotional Reactions.

Haciendo inferencias

Lee cada párrafo cuidadosamente.
Escribe una X en el recuadro que está al costado de la palabra que te dice cómo se siente la persona.

---

1.   Inés estaba segura de que ganaría un premio en la competencia del sábado. Cuando llegó el día, Inés se despertó y se dio cuenta que estaba cubierta de puntos rojos. Le había dado varicela y no podía ir a la carrera.

Inés se siente ☐ desilusionada ☐ emocionada ☐ apenada

---

2.   Martín recibió un perrito como regalo de cumpleaños. Poco a poco, Martín le enseñó al perrito a hacer varios trucos. "Miren lo que mi perrito puede hacer", decía Martín.

Martín se siente ☐ orgulloso ☐ feliz ☐ nervioso

---

3.   Los niños del salón de clases de la Sra. Solski habían estado muy ocupados haciendo disfraces y pintando figuras de fondo para la obra. Les encantaba participar en la obra teatral.

Los niños se sentían ☐ solos ☐ felices ☐ curiosos

---

4.   Andrea y Jorge estaban solos en casa. De pronto, escucharon un ruido fuerte en la parte trasera de la casa. Luego escucharon el sonido de pisadas cerca de la ventana. "¿Crees que es el viento el que está haciendo ese ruido?", preguntó Jorge.

Los niños se sienten ☐ divertidos ☐ asustados ☐ nerviosos

---

5.   La mamá de Arturo le prometió regalarle una bicicleta por su cumpleaños. Un día antes de su cumpleaños, su mamá le dijo que no tenía suficiente dinero para comprarle la bicicleta.

Arturo se siente ☐ nervioso ☐ desilusionado ☐ orgulloso

Objetivo: Hacer inferencias sobre emociones.

Using Context Clues

Finish the sentence using the words in the sack.

1. Today it's as cold as _____ .

2. When we shut the door it was as black as _____ .

3. The kitten was so fat it was as round as a _____ .

4. "My shirt is as green as _____ ," said the boy.

5. That girl is as pretty as a _____ .

6. The children thought the man looked as big as a _____ .

7. My dog eats so much that he will soon be as fat as a _____ .

8. Amy's grandmother has hair that is as white as _____ .

9. Maria's new dress is as blue as the _____ .

10. Do you know the game, "As Tall as a House, As _____ as a Mouse"?

night
winter
grass
giant
ball
pig
small
sky
snow
princess

Usando el contexto

Termina las oraciones usando las palabras del saco.

1. Hoy está tan frío como si fuera _____.

2. Cuando cerramos la puerta, estaba tan oscuro como una
   _____.

3. El gatito era tan gordo y estaba tan redondo que parecía una
   _____.

4. "Mi camisa es tan verde como el _____," dijo el niño.

5. Esa niña es tan hermosa como una _____.

6. Los niños pensaron que el hombre era tan grande como un
   _____.

7. Mi perrito come tanto que pronto
   estará tan gordo como un
   _____.

8. La abuela de Anita tiene el pelo tan
   blanco como la _____.

9. El vestido nuevo de María es tan azul
   como el _____.

10. Conoces el juego que dice "Tan Alto
    como una Casa, tan _____
    como un Ratón"?

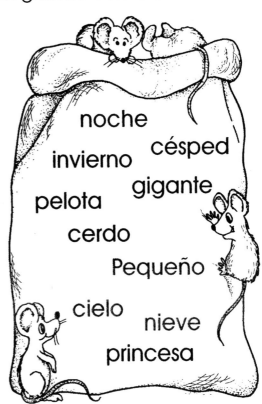

noche
invierno   césped
pelota   gigante
cerdo
Pequeño
cielo
nieve
princesa

Objetivo: Usar correctamente las palabras dentro de las oraciones.

Using Context Clues

Use the words in the monster's head to **complete** the sentences.

1. The children wanted to spend all of their _____.

2. The giant shouted _____ to his wife.

3. The old witch was _____ with fear.

4. They were late _____ for the party.

5. The plane was _____ the airport.

6. I must learn how to speak _____ while the baby is sleeping.

7. My _____ brother begins school in September.

8. Ten _____ live on our street.

9. The dog _____ the newspaper in his mouth for its owner.

10. A lighthouse _____ used to live here.

11. Be a good _____ while in school.

12. Are you _____ to win a prize in the spelling contest?

angrily
arriving
shaking
quietly
circling
families
younger
keeper
carries
hoping
pennies
listener

Skill: Using Words Correctly in Sentences.

Usando el contexto

Usa las palabras que están en la cabeza del monstruo para **completar** las oraciones.

1. Los niños querían gastar todo su _____ .

2. El gigante le gritó _____ a su esposa.

3. La vieja bruja estaba _____ de miedo.

4. Estaban _____ tarde a la fiesta.

5. El avión estaba _____ el aeropuerto.

6. Debo aprender a hablar _____ cuando el bebé está durmiendo.

7. Mi hermano _____ comienza la escuela en setiembre.

8. Hay diez _____ que viven en nuestra calle.

9. El perro _____ el periódico para su dueño en el hocico.

10. El _____ del faro solía vivir allí.

11. _____ bien en la clase.

12. ¿ _____ ganar el premio en el Concurso de Dictado?

furioso

llegando

temblando

despacio

sobrevolando

familias   menor

operador

llevaba

Esperas   Atiende

dinero

Objetivo: Usar correctamente las palabras dentro de las oraciones.

Using Context Clues

Complete the information story about raccoons with the words in the mitten.

Raccoons are _____ in North America. They live near _____ and _____, but many live in _____.

A raccoon is about the _____ of a small dog. Black _____ around its eyes make it look as if it wears a _____. Its nose and ears are _____. Its tail is _____ and has black and _____ rings on it.

A raccoon can use its _____ like we use our _____. Sometimes it will hold a _____ of food in its paws and rinse the food in _____. This makes the food _____ to eat.

Raccoons hunt for food at _____ and spend much of the day _____. They are good fighters, _____ and climbers. Raccoons can _____, bark and _____. Sometimes they sound like _____ crying.

streams   rings
cry   lakes   water
pointed   size   swimmers
mask   growl   paws
people
yellow   piece
bushy   night   hands
easier   asleep
found   cities

Skill: Completing Paragraphs With the Correct Words.

Usando el contexto

Completa la historia informativa respecto a los mapaches con las palabras que están en el mitón.

Los mapaches son animales silvestres que se _____ en América del Norte. Viven cerca de _____ y _____, aunque muchos viven también en la _____.

El mapache tiene casi el mismo _____ que un perro pequeño. Los _____ negros que rodean sus ojos parecen una _____. Tienen la nariz y las orejas puntiagudas. Su cola es _____, con anillos de color negro y _____.

El mapache puede usar sus _____ como si fueran _____. Algunas veces, este animalito toma un _____ de comida en sus patas y lo enjuaga en el _____, haciendo que la comida sea más _____ de comer.

ríos   lagos   anillos

nadadores   llorar
agua   máscara
tamaño   gruñir
persona
patas   copiosa
amarillo
noche   pedazo   fácil
manos
durmiendo
ciudad
encuentran

Los mapaches buscan comida durante la _____ y pasan una buena parte del día _____. Son excelentes peleadores, _____ y trepadores. Los mapaches pueden _____, ladrar y _____. Algunas veces su llanto parece el de una _____.

Objetivo: Completar párrafos con las palabras correctas.

Noting Details

Follow the directions given in each box.

1. Most ground squirrels sleep during the winter in dens under the ground.

   Underline the word that tells who sleeps in an underground den.

   Circle the word that tells when ground squirrels sleep.

2. The dragonfly is born in a pond. When it hatches from an egg, it stays in the water. It does not have wings.

   Underline the words that tell where a dragonfly is born.

   Circle the words that tell why it stays in the water.

3. The treasure that Owen found near the old mine was buried long ago by miners.

   Underline the word that tells who buried the treasure.

   Circle the words that tell where the treasure was buried.

4. The water spider makes a web in the shape of a tent at the bottom of a pond or stream.

   Underline the word that tells what the water spider makes.

   Circle the words that tell where the water spider puts the tent.

5. Land turtles have short clubbed feet. They are slow and clumsy on land.

   Underline the words that tell who have short clubbed feet.

   Circle the words that tell how land turtles move.

6. The teacher asked Annie and Todd to measure the distance around the classroom.

   Underline the words that tell who is to measure.

   Circle the words that tell where they are to measure.

Skill: Locating Requested Details Found in Sentences.

Anotando detalles

Sigue las instrucciones de cada recuadro.

---

1. La mayoría de las ardillas terrestres duermen durante el invierno en unas guaridas construidas bajo la tierra.

   Subraya la palabra que dice quiénes duermen en una guarida subterránea.

   Encierra en un círculo la palabra que dice cuándo duermen las ardillas terrestres.

4. La araña de agua teje su telaraña en forma de una campana en el fondo de un estanque o corriente.

   Subraya la palabra que dice qué teje la araña de agua.

   Encierra en un círculo la palabra que dice dónde teje la araña de agua su telaraña en forma de campana.

---

2. Las libélulas nacen en un estanque. Cuando salen del huevo, se quedan en el agua. No tienen alas.

   Subraya las palabras que dicen dónde nacen las libélulas.

   Encierra en un círculo las palabras que dicen por qué se quedan en el agua.

5. Las tortugas terrestres tienen patas cortas. Se desplazan lenta y pesadamente en la tierra.

   Subraya las palabras que dicen quién tiene patas cortas.

   Encierra en un círculo las palabras que dicen cómo se mueve la tortuga en la tierra.

---

3. El tesoro que Owen encontró cerca de la vieja mina de oro fue enterrado hace mucho tiempo por los mineros.

   Subraya la palabra que dice quién enterró el tesoro.

   Encierra en un círculo las palabras que dicen dónde se enterró el tesoro.

6. El profesor les pidió a Ana y Pedro que midan la distancia alrededor del salón de clases.

   Subraya las palabras que dicen quiénes van a medir.

   Encierra en un círculo las palabras que dicen dónde van a medir.

Objetivo: Ubicar detalles que se encuentran en las oraciones.

Noting Details

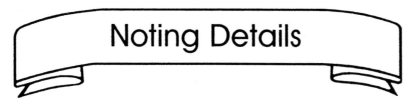

Read each sentence carefully.
Print **Yes** on the line if the sentence is true or **No** if the sentence is false.

Yes or No

1. The trees in the springtime have red, orange, and yellow leaves. _____

2. The sky above us is always blue. _____

3. Owls can see in the dark. _____

4. A stop sign is red and black. _____

5. Traffic lights are red, yellow and purple. _____

6. We can always see the moon every night. _____

7. A car can go faster than a bicycle. _____

8. A wish that is made always comes true. _____

9. No one has ever been to outer space. _____

10. Everyone must wear a helmet while riding a bicycle. _____

11. Beavers and raccoons are tame animals. _____

12. Oranges and grapefruits are the same color. _____

13. Carrots, beans, and peas are kinds of fruits. _____

14. Daffodils and tulips are spring flowers. _____

Skill: Noting Details of Familiar Items.

Anotando detalles

Lee cuidadosamente cada una de las siguientes oraciones.
Escribe **Sí** en la línea si la oración es verdadera y **No** si la oración es falsa.

Sí o No

1. En la primavera las hojas de los árboles son de color rojo, naranja y amarillo. _____

2. El cielo siempre es de color azul. _____

3. Las lechuzas pueden ver en la oscuridad. _____

4. El signo de "pare" es de color rojo y negro. _____

5. Las luces del semáforo son de color rojo, amarillo y morado. _____

6. Siempre podemos ver la luna todas las noches. _____

7. Un auto puede ir más rápido que una bicicleta. _____

8. Cada uno de los deseos que pido siempre se convierten en realidad.
   _____

9. Nadie ha estado en el espacio exterior. _____

10. Cuando manejamos bicicleta, siempre tenemos que usar casco.
    _____

11. Los castores y los mapaches son animales domésticos. _____

12. Las naranjas y las toronjas son del mismo color. _____

13. Las zanahorias, los frijoles y las arvejas son tipos de frutas. _____

14. Los narcisos y los tulipanes son flores de primavera. _____

Objetivo: Anotar detalles de temas conocidos.

Noting Details

Circle the word or words in each sentence that answer the question.

1. Baby ducks are called ducklings.

   What are young ducks called?

2. Geese make their homes on the ground near water.

   Where do geese nest?

3. Spider webs can best be seen on frosty or dewy mornings.

   When is the best time to look at spider webs?

4. Raccoons often steal eggs and chickens from the barnyard.

   Why do farmers dislike raccoons?

5. The tiger is one of the most dangerous animals found in the world.

   Why is the tiger feared?

6. Elephants are found in the jungles of India and Africa.

   Where do elephants live?

7. Giraffes are able to gallop as fast as 55 kilometers an hour.

   How fast can a giraffe gallop?

8. Snakes are cold-blooded and hibernate in the soft earth during the winter.

   How do snakes spend the winter?

9. A skunk is a small black and white animal about the size of a house cat.

   How big is a skunk?

10. When a skunk is in danger it will stiffen its legs, stamp its feet, raise its tail and spray a bad-smelling liquid.

    How does a skunk warn its enemies to stay away?

Skill: Locating Details That Answer Questions.

Anotando detalles

Encierra en un círculo la palabra o las palabras de
cada oración que responden a la pregunta de abajo.

1. A los patos bebés se les dice patitos.

   ¿Cómo se les dice a los patos bebés?

2. Los gansos hacen sus casas en la tierra cerca del agua.

   ¿Dónde hacen sus nidos los gansos?

3. Las telas de araña pueden verse mejor en las mañanas húmedas y de rocío.

   ¿Cuál es el mejor momento para ver las telas de araña?

4. Los mapaches suelen robar los huevos de las gallinas de las granjas.

   ¿Por qué a los granjeros no les gustan los mapaches?

5. El tigre es uno de los animales más peligrosos del mundo.

   ¿Por qué se le tiene miedo al tigre?

6. Los elefantes habitan en las selvas de India y África.

   ¿Dónde viven los elefantes?

7. Las jirafas pueden galopar hasta cincuenta y cinco kilómetros por hora.

   ¿Cuán rápido puede galopar una jirafa?

8. Las serpientes tienen sangre fría e hibernan en tierra suave durante el invierno.

   ¿Qué hacen las serpientes durante el invierno?

9. El zorrillo es un animal pequeño de color blanco y negro del tamaño de un gato doméstico.

   ¿De qué tamaño es el zorrillo?

10. Cuando el zorrillo está en peligro, endurece sus piernas, coloca sus patas firmemente en el suelo, levanta su cola y esparce un líquido de muy mal olor.

    ¿Qué hace el zorrillo para advertir a sus enemigos que se mantengan alejados?

Objetivo: Ubicar detalles que responden preguntas.

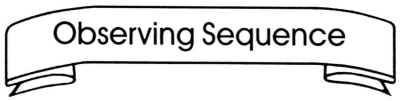

Observing Sequence

How well do you remember the fairy tale
called "Jack and the Beanstalk"?
Number the sentences in the **correct** order to tell the story.

_____ Jack's mother threw the beans out the window.

_____ Jack chopped down the beanstalk.

_____ Jack and his mother decided to sell the cow.

_____ On another trip to the castle he brought home a magic hen.

_____ Jack led the cow off to market.

_____ Jack climbed the beanstalk and took a bag of gold from the giant.

_____ The giant was awakened by the harp calling out for help.

_____ He sold the cow for a bag of magic beans.

_____ Jack was surprised to see that a huge beanstalk had grown up in the night.

Skill: Sequencing Sentences in the Correct Order to Tell a Story.

Observando la secuencia

¿Qué tan bien recuerdas el cuento "**Juanito y las Judías Mágicas**"?
Enumera las oraciones en el orden **correcto** para contar la historia.

_____ La madre de Juanito tiró las judías por la ventana.

_____ Juanito cortó el tallo de la enorme planta con un hacha.

_____ Juanito y su madre decidieron vender la vaca.

_____ En el siguiente viaje que hizo al castillo, se llevó la gallina mágica a su casa.

_____ Juanito llevó la vaca al mercado.

_____ Juanito trepó por la enorme planta y tomó una bolsa de monedas de oro del gigante.

_____ El gigante se despertó con los gritos de auxilio del arpa.

_____ Vendió la vaca por una bolsa de judías mágicas.

_____ Juanito se sorprendió al ver que una enorme planta había crecido durante la noche.

Objetivo: Hacer secuencia de oraciones en el orden correcto para narrar un cuento.

Observing Sequence

Read the words in the box.
Write them on the shape to which they belong.
Write them in the **order** in which they would take place.

spring	Tuesday	dusk
noon	morning	night
Sunday	winter	Thursday
dawn	Friday	morning
Wednesday	summer	afternoon
Monday	fall	Saturday

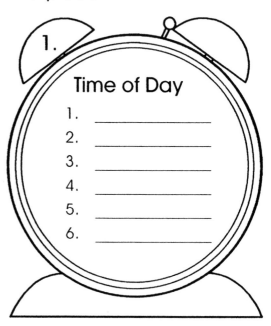

1.

Time of Day

1. _____
2. _____
3. _____
4. _____
5. _____
6. _____

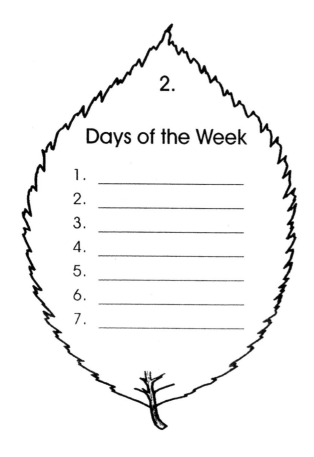

2.

Days of the Week

1. _____
2. _____
3. _____
4. _____
5. _____
6. _____
7. _____

3.

Seasons

1. _____
2. _____
3. _____
4. _____

Skill: Recording Methods of Telling Time in Order.

Observando la secuencia

Lee las palabras del recuadro de abajo.
Escríbelas en el conjunto que pertenecen.
Escríbelas en el **orden** correcto.

primavera	martes	anochecer
mediodía	mañana	noche
domingo	invierno	jueves
amanecer	viernes	mañana
miércoles	verano	tarde
lunes	otoño	sábado

1. Momento del día

1. _____
2. _____
3. _____
4. _____
5. _____
6. _____

2. Días de la semana

1. _____
2. _____
3. _____
4. _____
5. _____
6. _____
7. _____

3. Las estaciones

1. _____
2. _____
3. _____
4. _____

Objetivo: Elaborar métodos para decir el tiempo en un determinado orden.

Observing Sequence

Carefully **read** each pair of sentences.
Decide which sentence should begin with the word **First** and which sentence begins with the word **Then**. Print the correct word on each line.

First — Then

1. _____ , go out to play.
   _____ , put on a coat.

2. _____ , draw a squirrel.
   _____ , color it brown.

3. _____ , look for an animal.
   _____ , go to the woods.

4. _____ , get the eggs.
   _____ , go into the hen house.

5. _____ , eat your breakfast.
   _____ , brush your teeth.

6. _____ , put on your running shoes.
   _____ , put on your yellow socks.

7. _____ , look all ways.
   _____ , walk across the street.

8. _____ , she built one.
   _____ , Mrs. Robin found a good place for a nest.

9. _____ , he buried his bone.
   _____ , the dog dug a hole.

10. _____ , owl spotted the mouse.
    _____ , he flew down and grabbed it in his claws.

11. _____ , the farmer plowed the field.
    _____ , he planted the wheat seeds.

12. _____ , he pulled it out of the ground.
    _____ , he planted the wheat seeds.

13. _____ , Mrs. Robin taught her babies how to fly.
    _____ , she taught them to look for food.

14. _____ , the thunder boomed loudly.
    _____ , we saw the lightning flash.

Skill: Sequencing Events in the Correct Order.

Observando la secuencia

Lee cuidadosamente cada par de oraciones. Luego decide cuál oración debe ir al principio colocando la palabra **Primero** y cuál oración va después colocando la palabra **Luego**.

Primero — Luego

1. _____, anda a jugar.
_____, ponte un abrigo.

2. _____, dibuja una ardilla.
_____, coloréala de marrón.

3. _____, busca un animal.
_____, anda al bosque.

4. _____, recolecta los huevos.
_____, anda al granero donde está la gallina.

5. _____, toma tu desayuno.
_____, lávate los dientes.

6. _____, ponte tus zapatillas.
_____, ponte tus medias amarillas.

7. _____, mira a todos lados.
_____, cruza la calle.

8. _____, construyó uno.
_____, la Sra. Petirrojo encontró un buen lugar para colocar un nido.

9. _____, enterró su hueso.
_____, el perro hizo un hoyo.

10. _____, la lechuza vio al ratón.
_____, voló hacia él y lo tomo entre sus garras.

11. _____, el granjero aró el campo.
_____, plantó las semillas de trigo.

12. _____, las sacó de la tierra.
_____, plantó las semillas de trigo.

13. _____, la Sra. Petirrojo le enseñó a sus pequeños cómo volar.
_____, les enseñó cómo buscar comida.

14. _____, sonó un ruido estruendoso.
_____, vimos los relámpagos.

Objetivo: Hacer secuencias de eventos en el orden correcto.

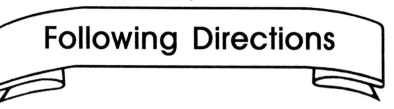

Following Directions

Read the sentences in each box.
Draw and **color** the pictures they are describing.

1. It is good to eat. It is red and grows on a tree. What is it?	4. You can ride in me. I can travel on the water. It is fun to fish from me. What am I?
2. I am an animal. My whiskers are long. I live in a house and I drink milk. What am I?	5. It is white. It is far, far away. You cannot see it very well in the day time. What is it?
3. It is a place for boys and girls. Sometimes it has many rooms. Children read and write here. What is it?	6. It is made from cream. It cools you on a hot, summer day. It comes in many flavors. What is it?

Skill: Drawing a Picture to Answer the Riddle.

Siguiendo instrucciones

Lee las oraciones de cada recuadro.
Dibuja y **colorea** las figuras que se están describiendo.

1. Es bueno comerla. Es roja y crece en un árbol. ¿Qué es?	4. Pueden subirte en mí. Puedo viajar en el agua. Es divertido pescar desde mí. ¿Quién soy?
2. Soy un animal. Mi pelaje es largo. Vivo en una casa y tomo leche. ¿Quién soy?	5. Es de color blanco. Queda muy, muy lejos. No puedes verla muy bien durante el día. ¿Qué es?
3. Es un lugar para niños. Algunas veces tiene muchos salones. Los niños leen y escriben allí. ¿Qué es?	6. Está hecho de crema. Te enfría y te refresca en un día caluroso de verano. Viene en muchos sabores. ¿Qué es?

Objetivo: Dibujar una figura para responder la adivinanza.

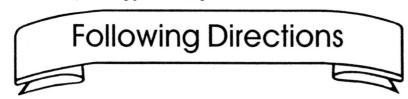

Following Directions

Carefully read the directions and do what they say.

1. **Read** the word on each butterfly.
2. Color the butterfly **yellow** if the word is something that you can hear.
3. Color the butterfly **green** if the word is something you can taste.
4. Color the butterfly **red** if the word is something you can see.

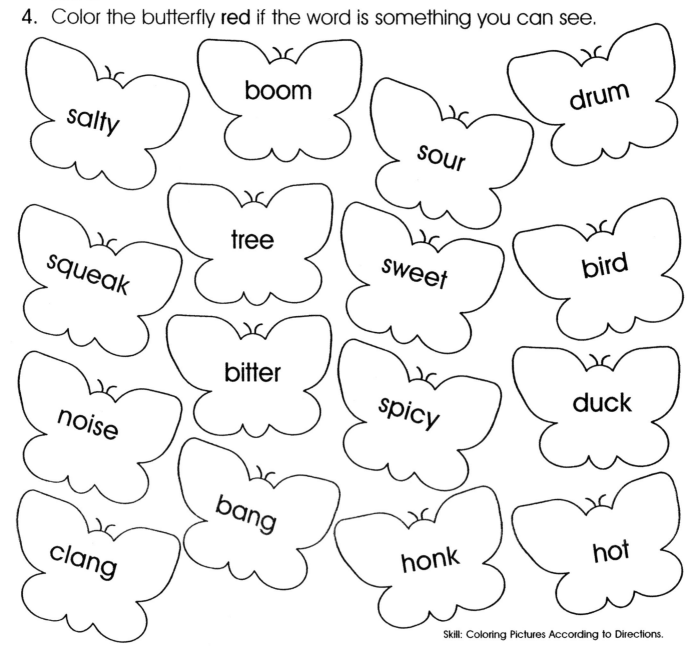

salty

boom

sour

drum

squeak

tree

sweet

bird

noise

bitter

spicy

duck

clang

bang

honk

hot

Skill: Coloring Pictures According to Directions.

 OTM-2528 • SSY1-28 Leer para Entender

Siguiendo instrucciones

Lee cuidadosamente las instrucciones y haz lo que se te pide.

1. **Lee** la palabra que está en cada mariposa.
2. Colorea la mariposa de color **amarillo** si la palabra es algo que puedes oír.
3. Colorea la mariposa de color **verde** si la palabra es algo que puedes saborear.
4. Colorea la mariposa de color **rojo** si la palabra es algo que puedes ver.

salado

explosión

ácido

tambor

graznido

árbol

dulce

pájaro

amargo

picante

pato

ruido

estallido

repique

bocina

caliente

Objetivo: Colorear figuras según las instrucciones.

Following Directions

Carefully **read** each sentence and follow the directions.

1. If a calf drinks milk from a cow, print the word *milk* in the box at the right.

2. If an elephant's trunk can spray water, draw an elephant's trunk in the box.

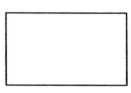

3. If zebras do not have stripes, color the circle black.

4. If a male lion has a mane around his neck, print the word *mane* in the box.

5. If a squirrel has a skinny tail, color the box blue.

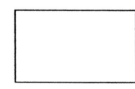

6. If a beaver chops down trees, draw a tree in the circle.

7. If a cat likes to gnaw on bones, draw a bone in the box.

8. If a raccoon looks like a robber, draw a mask in the box.

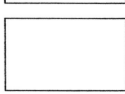

9. If daffodils are pink and purple, draw a daffodil in the circle.

Skill: Following Written Directions.

Siguiendo instrucciones

Lee cuidadosamente cada oración y sigue las instrucciones.

1. Si los terneros toman leche de las vacas, escribe la palabra "leche" en el recuadro de la derecha.

2. Si la trompa de los elefantes puede rociar agua, dibuja una trompa de elefante en el recuadro.

3. Si las zebras no tienen rayas, colorea el círculo de color negro.

4. Si el león macho tiene una melena alrededor de su cuello, escribe la palabra melena en el recuadro.

5. Si la ardilla tiene una contextura delgada, pinta el recuadro de color azul.

6. Si los castores talan árboles, dibuja un árbol en el círculo.

7. Si a los gatos les gusta roer huesos, dibuja un hueso en el recuadro.

8. Si los mapaches parecen ladrones, dibuja una máscara en el recuadro.

9. Si los narcisos son de color rosado y morado, dibuja un narciso en el círculo.

Objetivo: Seguir instrucciones escritas.

Understanding Vocabulary

Match the word to its meaning. You **will not** use all of the words in the box. **Print** the word on the line beside its meaning.

1. to move your eyelids _____
2. every room has one _____
3. a name for a baby goat _____
4. jump in the water head first _____
5. holder for money _____
6. to dive down quickly _____
7. a place to keep dishes _____
8. the name for a baby bear _____
9. used in sewing clothes _____
10. a reward or gift _____
11. a brown coin _____
12. to reach a place _____
13. part of a book _____
14. to put money away _____
15. to throw a ball _____

arrive	imagine	blink	rescue	ceiling
rather	cupboard	kitchen	dive	kid
large	penny	pitch	swoop	thread
wallet	cub	prize	save	chapter

Skill: Understanding Words and Their Meanings.

Entendiendo el vocabulario

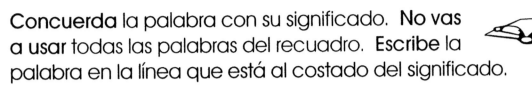

Concuerda la palabra con su significado. **No vas a usar** todas las palabras del recuadro. **Escribe** la palabra en la línea que está al costado del significado.

1. mover los párpados   _____

2. toda habitación tiene uno   _____

3. la hembra del caballo   _____

4. el caminar del caballo   _____

5. donde se guarda dinero   _____

6. nadar en el fondo del agua rápidamente   _____

7. un lugar para colocar los platos   _____

8. el nombre de un oso bebé   _____

9. se usa para coser ropa   _____

10. un presente o regalo   _____

11. una moneda marrón   _____

12. alcanzar un lugar   _____

13. parte de un libro   _____

14. guardar dinero   _____

15. tirar una pelota   _____

llegar	imaginar	parpadear	rescatar	techo
yegua	aparador	cocina	bucear	niño
grande	centavo	lanzar	trotar	hilo
billetera	osezno	premio	ahorrar	capítulo

Objetivo: Comprender las palabras y sus significados.

Understanding Vocabulary

Match the word to its meaning.
Use the words in the castle to **complete** the word puzzle.

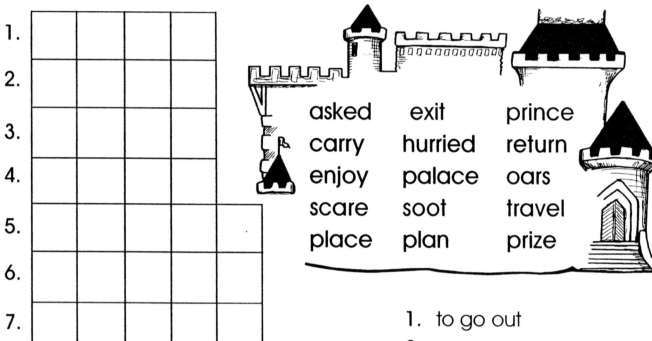

1.
2.
3.
4.
5.
6.
7.
8.
9.
10.
11.
12.
13.
14.

asked   exit   prince
carry   hurried   return
enjoy   palace   oars
scare   soot   travel
place   plan   prize

1. to go out
2. arrange
3. used to row a boat
4. black dust from a fire
5. frighten
6. to fetch
7. invited
8. like very much
9. a reward
10. arrive back
11. to go places
12. son of a king
13. where a king lives
14. went quickly

Skill: Matching Words to Their Meanings.

Entendiendo el vocabulario

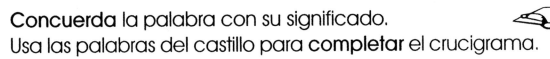

Concuerda la palabra con su significado.
Usa las palabras del castillo para **completar** el crucigrama.

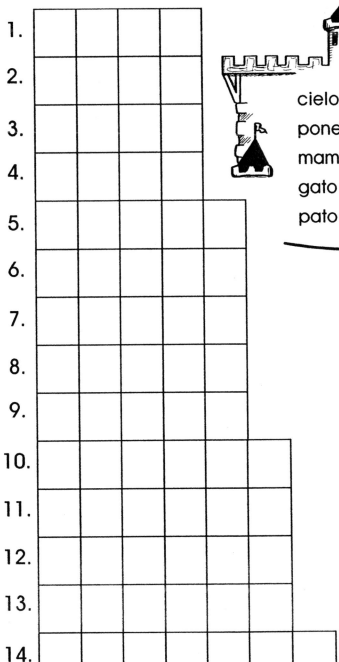

1.
2.
3.
4.
5.
6.
7.
8.
9.
10.
11.
12.
13.
14.

cielo	mesa	viajar
poner	apurado	mirar
mamá	mentir	reina
gato	salir	fútbol
pato	temor	premio

1. mi madre
2. pájaro de pico redondo
3. allí ponemos los platos para cenar
4. le gusta cazar ratones
5. miedo
6. dejar un lugar
7. colocar
8. esposa del rey
9. ver
10. una recompensa
11. visitar lugares
12. no decir la verdad
13. deporte en el que se patea una pelota
14. ir con prisa

Objetivo: Concordar las palabras con su significado.

Understanding Vocabulary

Antonyms are words that have opposite meanings. Beside each word, **write** the word that is **opposite** in meaning.

A) small   sold   slow
     happy   crooked   woman

1. large   _____
2. man   _____
3. fast   _____
4. straight   _____
5. bought   _____
6. unhappy   _____

B) lowest   nowhere   father
     tie   awake   boy

1. asleep   _____
2. highest   _____
3. everywhere   _____
4. untie   _____
5. girl   _____
6. mother   _____

C) few   poor   cold
     close   none   slowly

1. rich   _____
2. open   _____
3. many   _____
4. quickly   _____
5. hot   _____
6. all   _____

D) evening   give   old
     answered   up   sell

1. down   _____
2. asked   _____
3. young   _____
4. take   _____
5. buy   _____
6. morning   _____

Skill: Matching Words With Opposite Meanings.

OTM-2528 • SSY1-28 Leer para Entender

Entendiendo el vocabulario

Los **antónimos** son palabras que tienen significados opuestos. Al lado de cada palabra, **escribe** la palabra que tiene el significado **opuesto**.

A)	pequeño	vendido	lento
	feliz	torcido	mujer

1. grande _____
2. hombre _____
3. rápido _____
4. recto _____
5. comprado _____
6. triste _____

B)	bajo	nadie	padre
	fuerte	despierto	niño

1. dormido _____
2. alto _____
3. todos _____
4. débil _____
5. niña _____
6. madre _____

C)	poco	pobre	frío
	cerrado	nada	lentamente

1. rico _____
2. abierto _____
3. mucho _____
4. rápidamente _____
5. caliente _____
6. todo _____

D)	tarde	dar	viejo
	respuesta	arriba	vender

1. abajo _____
2. pregunta _____
3. joven _____
4. recibir _____
5. comprar _____
6. mañana _____

Objetivo: Concordar palabras con significados opuestos.

Understanding Vocabulary

Homonyms are words that sound the same, but have different meanings.

Read each sentence. Then, **write** the correct homonym in each blank to complete the sentences.

1. Last month, my baseball team _____ (one, won) two games and lost _____ (one, won).

2. The wind _____ (blue, blew) the white clouds across the _____ (blue, blew) sky.

3. _____ (Where, Wear) does she like to _____ (where, wear) those shoes?

4. The girls rode _____ (their, there) bikes over _____ (their, there).

5. Can you _____ (see, sea) the _____ (see, sea) from your window?

6. Please come _____ (hear, here) so that I can _____ (hear, here) you better.

7. Emily and Mark went _____ (two, to, too) the store and bought _____ (two, to, too) apples, and some peaches, _____ (two, to, too).

8. Jason _____ (read, red) the book with the _____ (read, red) cover all by himself.

Skill: Identifying homonyms in sentences

Entendiendo el vocabulario

Los **homónimos** son palabras que se pronuncian de la misma manera pero que tienen significados diferentes.

Lee cada oración. Luego, **escribe** el homónimo correspondiente en cada espacio en blanco para completar las oraciones.

1. La temporada de _____ **(casa, caza)** comienza en setiembre; en ese mes, mi papá sale de _____ **(casa, caza)** temprano y trae conejos y patos.

2. La _____ **(sabia, savia)** es un líquido que tienen todas las plantas. Me lo dijo mi tía, que es una mujer muy _____ **(sabia, savia)**.

3. Juanito es un bebé muy _____ **(bello, vello)**. Cuando nació tenía mucho _____ **(bello, vello)** en los brazos y la espalda.

4. Mi profesora me dice que cuando me enojo, tengo que contar hasta veinte o treinta antes de hablar. Pero cuando me _____ **(ciento, siento)** muy enojado, ¡tengo que contar hasta _____ **(ciento, siento)** cincuenta!

5. Cuando llegamos de la escuela, encontramos nuestra casa llena de agua. El _____ **(tubo, tuvo)** de agua se había roto, y mi papá _____ **(tubo, tuvo)** que llamar al fontanero.

6. Una pregunta de mi examen de matemática decía "_____ **(halla, haya)** el resultado de la suma". ¡Ojalá que no me _____ **(halla, haya)** equivocado!

7. ¡Eres todo un _____ **(as, has, haz)** en matemática! Mira qué excelente calificación obtuviste. Se nota que _____ **(as, has, haz)** estudiado mucho. _____ **(as, has, haz)** lo mismo con tus otras materias.

8. ¿Cuándo _____ **(bienes, vienes)**, Luis? Cuando haya vendido todos mis _____ **(bienes, vienes)**.

Objetivo: Identificar los homónimos en una oración.

Respuestas/Answer Key

Page 4: Main Idea
Words to be circled.

1. reading
2. potato
3. doll
4. squirrel
5. vegetables
6. Wednesday
7. whale
8. Tuesday
9. sky

Página 5: Idea Principal
Palabras que se encierran en un círculo.

1. lectura
2. patata
3. muñeca
4. ardilla
5. vegetales
6. miércoles
7. ballena
8. martes
9. cielo

Page 6: Main idea
Word groups to be circled.

1. school books
2. blowing snow
3. making a snowman
4. eggs in a basket
5. lightning flashing
6. running to school
7. riding my bike
8. potato salad
9. water running

Página 7: Idea Principal
Grupo de palabras que se encierran en un círculo.

1. libros de la escuela
2. nieve que cae
3. hacer un muñeco de nieve
4. huevos en la canasta
5. canto de pájaros
6. correr a la escuela
7. montar mi bicicleta
8. ensalada de patatas
9. agua corriendo

Page 8: Main Idea
1. Hunters Beware!
2. Striped Horses
3. Animal Skyscrapers
4. People-Like Animals

Página 9: Idea Principal
1. Cuidado con los cazadores
2. Caballos con rayas
3. Rascacielos animales
4. Animales que parecen personas

Page 10: Seeing Relationships
1. swimming
2. book
3. broken
4. tent
5. yard
6. owl
7. stop
8. tears
9. eggs
10. food
11. lion
12. shovel

Página 11: Viendo las Relaciones
1. nadar
2. libro
3. roto
4. tienda
5. patio
6. lechuza
7. parar
8. lágrimas
9. huevos
10. alimentos
11. león
12. pala

Page 12: Seeing Relationships
1. sports
2. colors
3. birds
4. clothes
5. furniture
6. pets
7. fruits
8. seasons
9. flowers
10. numbers
11. months
12. days

Página 13: Viendo las Relaciones
1. deportes
2. colores
3. aves
4. ropa
5. muebles
6. mascotas
7. frutas
8. estaciones
9. flores
10. números
11. meses
12. días

Page 14: Seeing Relationships
1. when
2. where
3. why
4. when
5. where
6. when
7. why
8. when
9. why
10. where
11. why
12. when
13. where
14. where
15. where
16. when

Página 15: Viendo las Relaciones
1. cuándo
2. dónde
3. por qué
4. cuándo
5. dónde
6. cuándo
7. por qué
8. cuándo
9. por qué
10. dónde
11. por qué
12. cuándo
13. dónde
14. dónde
15. dónde
16. cuándo

Page 16: Seeing Relationships
1. witch
2. mice
3. ghost
4. cat
5. owl
6. costumes
7. bats
8. cauldron

Página 17: Viendo las Relaciones
1. bruja   2. ratones   3. fantasma
4. gato   5. lechuza   6. disfraces
7. murciélagos   8. caldero

Page 18: Drawing Conclusions
1. beach   2. school   3. woods
4. city   5. circus   6. store

Página 19: Deduciendo Conclusiones
1. playa   2. escuela   3. bosque
4. ciudad   5. circo   6. tienda

Page 20: Drawing Conclusions
1. The young kangaroos were teasing Baby Kangaroo.
2. Their mother had a headache.
3. Mother Duck had to find something to eat.
4. Little Frog was lost.

Página 21: Deduciendo Conclusiones
1. Los canguros jóvenes se burlaban del canguro bebé.
2. Su mamá tenía un terrible dolor de cabeza.
3. Mamá Pata tenía que buscar algo para comer.
4. El sapito estaba perdido.

Page 22: Making Inferences
1. loud   2. soft   3. loud   4. soft
5. soft   6. loud   7. soft   8. loud
9. soft   10. loud   11. soft   12. soft
13. soft   14. loud   15. loud   16. soft
17. soft   18. loud   19. soft   20. soft
21. loud   22. loud   23. loud   24. loud
25. loud

Página 23: Haciendo Inferencias
1. fuerte   2. suave   3. fuerte
4. suave   5. suave   6. fuerte
7. suave   8. fuerte   9. suave
10. fuerte   11. suave   12. suave
13. suave   14. fuerte   15. fuerte
16. suave   17. suave   18. fuerte
19. suave   20. suave   21. fuerte
22. fuerte   23. fuerte   24. fuerte
25. fuerte

Page 24: Making Inferences
1. excited   2. angry, annoyed
3. sad
4. embarrassed, scared, sorry
5. ashamed   6. disappointed
7. excited, curious, sad
8. ashamed   9. angry, annoyed
10. scared   11. angry, annoyed
12. proud, excited   13. embarrassed
14. curious

Página 25: Haciendo Inferencias
1. emocionado   2. enojado, molesto
3. triste
4. abochornado, asustado, apenado
5. avergonzado   6. decepcionado
7. emocionado, curioso, triste
8. avergonzado   9. enojado, molesto
10. asustado   11. enojado, molesto
12. orgulloso, emocionado
13. abochornado   14. curioso

Page 26: Making Inferences
1. disappointed   2. proud   3. happy
4. nervous   5. disappointed

Página 27: Haciendo Inferencias
1. desilusionada   2. orgulloso
3. felices   4. nerviosos
5. desilusionado

Page 28: Using Context Clues
1. winter   2. night   3. ball
4. grass   5. princess   6. giant
7. pig   8. snow   9. sky
10. small

Página 29: Usando el Contexto
1. invierno   2. noche   3. pelota
4. césped   5. princesa   6. gigante
7. cerdo   8. nieve   9. cielo
10. Pequeño

Page 30: Using Context Clues
1. pennies   2. angrily   3. shaking
4. arriving   5. circling   6. quietly
7. younger   8. families   9. carries
10. keeper   11. listener   12. hoping

Página 31: Usando el Contexto

1. dinero
2. furioso
3. temblando
4. llegando
5. sobrevolando
6. despacio
7. menor
8. familias
9. llevaba
10. operador
11. Atiende
12. Esperas

Page 32: Using Context Clues

Follow this order to fill the blanks.

Paragraph One:
found, lakes, streams, cities

Paragraph Two:
size, rings, mask, pointed, bushy, yellow

Paragraph Three:
paws, hands, piece, water, easier

Paragraph Four:
night, asleep, swimmers, growl, cry, people

Página 33: Usando el Contexto

Sigue este orden para llenar los espacios en blanco.

Párrafo Uno:
encuentran, lagos, ríos, ciudad

Párrafo Dos:
tamaño, anillos, máscara, copiosa, amarillo

Párrafo Tres:
patas, manos, pedazo, agua, fácil

Párrafo Cuatro:
noche, durmiendo, nadadores, gruñir, llorar, persona

Page 34: Noting Details

1. *Underline* - ground squirrels
   Circle - winter
2. *Underline* - in a pond
   Circle - It does not have wings.
3. *Underline* - Owen
   Circle - near the old mine
4. *Underline* - a web
   Circle - at the bottom of a pond or stream
5. *Underline* - land turtles
   Circle - slow and clumsy
6. *Underline* - Annie and Todd
   Circle - around the classroom

Página 35: Anotando Detalles

1. *Subrayar* – ardillas terrestres
   Encerrar en un círculo – durante el invierno
2. *Subrayar* – en un estanque
   Encerrar en un círculo – No tienen alas.
3. *Subrayar* – Owen
   Encerrar en un círculo – cerca de la vieja mina
4. *Subrayar* – su telaraña
   Encerrar en un círculo – en el fondo de un estanque o corriente
5. *Subrayar* – las tortugas terrestres
   Encerrar en un círculo – lenta y pesadamente
6. *Subrayar* – Ana y Pedro
   Encerrar en un círculo – la distancia alrededor del salón de clases

Page 36: Noting Details

1. No
2. No
3. Yes
4. No
5. No
6. No
7. Yes
8. No
9. No
10. Yes
11. No
12. No
13. No
14. Yes

Página 37: Anotando Detalles

1. No
2. No
3. Sí
4. No
5. No
6. No
7. Sí
8. No
9. No
10. Sí
11. No
12. No
13. No
14. Sí

Page 38: Noting Details

Circled parts are:

1. ducklings
2. on the ground near the water
3. on frosty and dewy mornings
4. steal eggs and chickens
5. one of the most dangerous animals
6. in the jungles of India and Africa
7. 55 kilometers an hour
8. hibernate in the soft earth
9. size of a house cat
10. stiffens its legs, stamps its feet, and raises its tail and sprays a bad-smelling liquid

Página 39: Anotando Detalles

Las palabra que se encierran en un círculo son:

1. patitos
2. en la tierra cerca del agua
3. en las mañanas húmedas y de rocío
4. robar los huevos de las gallinas de las granjas
5. es uno de los animales más peligrosos
6. en las selvas de India y África
7. cincuenta y cinco kilómetros por hora
8. hibernan en tierra suave
9. del tamaño de un gato doméstico
10. endurece sus piernas, coloca sus patas firmemente en el suelo, levanta su cola y esparce un líquido de muy mal olor

Page 40: Observing Sequence

4, 9, 1, 7, 2, 6, 8, 3, 5

Página 41: Observando la Secuencia

4, 9, 1, 7, 2, 6, 8, 3, 5

Page 42: Observing Sequence

1. dawn, morning, noon, afternoon, dusk, night
2. Sunday, Monday, Tuesday, Wednesday, Thursday, Friday, Saturday
3. spring, summer, fall, winter

Página 43: Observando la Secuencia

1. amanecer, mañana, mediodía, tarde, anochecer, noche
2. domingo, lunes, martes, miércoles, jueves, viernes, sábado
3. primavera, verano, otoño, invierno

Page 44: Observing Sequence

1. Then, First
2. First, Then
3. Then, First
4. Then, First
5. First, Then
6. Then, First
7. First, Then
8. Then, First
9. Then, First
10. First, Then
11. First, Then
12. Then, First
13. First, Then
14. Then, First

Página 45: Observando la Secuencia

1. Luego, Primero
2. Primero, Luego
3. Luego, Primero
4. Luego, Primero
5. Primero, Luego
6. Luego, Primero
7. Primero, Luego
8. Luego, Primero
9. Luego, Primero
10. Primero, Luego
11. Primero, Luego
12. Luego, Primero
13. Primero, Luego
14. Luego, Primero

Page 46: Following Directions

1. apple
2. cat
3. school
4. boat
5. star
6. ice cream

Página 47: Siguiendo Instrucciones

1. manzana
2. gato
3. escuela
4. bote
5. estrella
6. helado

Page 48: Following Directions

Yellow Butterflies:
boom, squeak, noise, honk, clang, bang

Green Butterflies:
salty, sour, sweet, bitter, spicy

Red Butterflies:
drum, tree, bird, duck

Página 49: Siguiendo Instrucciones

Mariposas amarillas:
explosión, graznido, ruido, bocina, repique, estallido

Mariposas verdes:
salado, ácido, dulce, amargo, picante

Mariposas rojas:
tambor, árbol, pájaro, pato

Page 50: Following Directions

1. The word *milk* in the box
2. A trunk is drawn in the box
3. The circle is white.
4. The word *mane* in the box
5. The box is white.
6. A tree is in the circle.
7. Nothing is in the box.
8. A mask is drawn in the box.
9. Nothing is in the circle.

Página 51: Siguiendo Instrucciones

1. La palabra "leche" en el recuadro
2. Se dibuja una trompa en el recuadro
3. El círculo queda en blanco.
4. No se dibuja nada en el recuadro
5. La caja queda en blanco.
6. Se dibuja un árbol en el círculo.
7. No se dibuja nada en el recuadro.
8. Se dibuja una máscara en el recuadro.
9. No se dibuja nada en el círculo.

Page 52: Understanding Vocabulary

1. blink
2. ceiling
3. kid
4. alive
5. wallet
6. swoop
7. cupboard
8. cub
9. thread
10. prize
11. penny
12. arrive
13. chapter
14. save
15. pitch

Página 53: Entendiendo el Vocabulario

1. parpadear
2. techo
3. yegua
4. trotar
5. billetera
6. bucear
7. aparador
8. osezno
9. hilo
10. premio
11. centavo
12. llegar
13. capítulo
14. ahorrar
15. lanzar

Page 54: Understanding Vocabulary

1. exit
2. plan
3. oars
4. soot
5. scare
6. carry
7. asked
8. enjoy
9. prize
10. return
11. travel
12. prince
13. palace
14. hurried

Página 55: Entendiendo el Vocabulario

1. mamá
2. pato
3. mesa
4. gato
5. temor
6. salir
7. poner
8. reina
9. mirar
10. premio
11. viajar
12. mentir
13. fútbol
14. apurado

Page 56: Understanding Vocabulary

A)
1. small
2. woman
3. slow
4. crooked
5. sold
6. happy

B)
1. awake
2. lowest
3. nowhere
4. tie
5. boy
6. father

C)
1. poor
2. close
3. few
4. slowly
5. cold
6. none

D)
1. up
2. answered
3. old
4. give
5. sell
6. evening

Página 57: Entendiendo el Vocabulario

A)
1. pequeño
2. mujer
3. lento
4. torcido
5. vendido
6. feliz

B)
1. despierto
2. bajo
3. nadie
4. fuerte
5. niño
6. padre

C)
1. pobre
2. cerrado
3. poco
4. lentamente
5. frío
6. nada

D)
1. arriba
2. respuesta
3. viejo
4. dar
5. vender
6. tarde

Page 58: Understanding Vocabulary

1. won, one
2. blew, blue
3. Where, wear
4. their, there
5. see, sea
6. here, hear
7. to, two, too
8. read, red

Página 59: Entendiendo el Vocabulario

1. caza, casa
2. savia, sabia
3. bello, vello
4. siento, ciento
5. tubo, tuvo
6. halla, haya
7. as, has, haz
8. vienes, bienes

Publication Listing

See Dealer or
www.onthemarkpress.com
For Pricing
1-800-463-6367

Code #	Title and Grade
OTM-1492	Abel's Island NS 4-6
OTM-1131	Addition & Subtraction Drills Gr. 1-3
OTM-1128	Addition Drills Gr. 1-3
OTM-2504	Addition Gr. 1-3
OTM-14174	Adv. of Huckle Berry Finn NS 7-8
OTM-293	All About Dinosaurs Gr. 2
OTM-102	All About Mexico Gr. 4-6
OTM-120	All About the Ocean Gr. 5-7
OTM-249	All About the Sea Gr. 4-6
OTM-261	All About Weather Gr. 7-8
OTM-2110	All Kinds of Structures Gr. 1
OTM-601	Amazing Aztecs Gr. 4-6
OTM-1468	Amelia Bedelia NS 1-3
OTM-113	America The Beautiful Gr. 4-6
OTM-1457	Amish Adventure NS 7-8
OTM-602	Ancient China Gr. 4-6
OTM-618	Ancient Egypt Gr. 4-6
OTM-621	Ancient Greece Gr. 4-6
OTM-619	Ancient Rome Gr. 4-6
OTM-1453	Anne of Green Gables NS 7-8
OTM-14162	Arnold Lobel Author Study Gr. 2-3
OTM-1622	Australia B/W Pictures
OTM-105	Australia Gr. 5-8
OTM-14224	Banner in the Sky NS 7-8
OTM-401	Be Safe Not Sorry Gr. P-1
OTM-1409	Bear Tales Gr. 2-4
OTM-14202	Bears in Literature Gr. 1-3
OTM-1440	Beatrix Potter Gr. 2-4
OTM-14129	Beatrix Potter: Activity Biography Gr. 2-4
OTM-14257	Because of Winn-Dixie NS Gr. 4-6
OTM-14114	Best Christmas Pageant Ever NS Gr. 4-6
OTM-14107	Borrowers NS Gr. 4-6
OTM-1463	Bridge to Terabithia NS Gr. 4-6
OTM-2524	BTS Numeración Gr. 1-3
OTM-2525	BTS Adición Gr. 1-3
OTM-2526	BTS Sustracción Gr. 1-3
OTM-2527	BTS Fonética Gr. 1-3
OTM-2528	BTS Leer para Entender Gr. 1-3
OTM-2529	BTS Uso de las Mayúsculas y Reglas de Puntuación Gr. 1-3
OTM-2530	BTS Composición de Oraciones Gr. 1-3
OTM-2531	BTS Composici13n de Historias Gr. 1-3
OTM-14256	Bud, Not Buddy NS Gr. 4-6
OTM-1807	Building Word Families L.V. 1-2
OTM-1805	Building Word Families S.V. 1-2
OTM-14164	Call It Courage NS Gr. 7-8
OTM-1467	Call of the Wild NS Gr. 7-8
OTM-2507	Capitalization & Punctuation Gr. 1-3
OTM-14198	Captain Courageous NS Gr. 7-8
OTM-14154	Castle in the Attic NS Gr. 4-6
OTM-631	Castles & Kings Gr. 4-6
OTM-1434	Cats in Literature Gr. 3-6
OTM-14212	Cay NS Gr. 7-8
OTM-2107	Cells, Tissues & Organs Gr. 7-8
OTM-2101	Characteristics of Flight Gr. 4-6
OTM-1466	Charlie and Chocolate Factory NS Gr. 4-6
OTM-1423	Charlotte's Web NS Gr. 4-6
OTM-109	China Today Gr. 5-8
OTM-1470	Chocolate Fever NS Gr. 4-6
OTM-14241	Chocolate Touch NS Gr. 4-6
OTM-14104	Classical Poetry Gr. 7-12
OTM-811	Community Helpers Gr. 1-3
OTM-14183	Copper Sunrise NS Gr. 7-8
OTM-1486	Corduroy and Pocket Corduroy NS Gr. 1-3
OTM-234	Creatures of the Sea Gr. 2-4
OTM-14208	Curse of the Viking Grave NS 7-8
OTM-1121	Data Management Gr. 4-6
OTM-253	Dealing with Dinosaurs Gr. 4-6
OTM-14105	Dicken's Christmas NS Gr. 7-8
OTM-1621	Dinosaurs B/W Pictures
OTM-216	Dinosaurs Gr. 1
OTM-14175	Dinosaurs in Literature Gr. 1-3
OTM-2106	Diversity of Living Things Gr. 4-6
OTM-1127	Division Drills Gr. 4-6
OTM-287	Down by the Sea Gr. 1-3
OTM-1416	Dragons in Literature Gr. 3-6
OTM-2109	Earth's Crust Gr. 6-8
OTM-1612	Egypt B/W Pictures
OTM-14255	Egypt Game NS Gr. 4-6
OTM-628	Egyptians Today and Yesterday Gr. 2-3
OTM-2108	Electricity Gr. 4-6
OTM-285	Energy Gr. 4-6
OTM-2123	Environment Gr. 4-6
OTM-1812	ESL Teaching Ideas Gr. K-8
OTM-14258	Esperanza Rising NS Gr. 4-6
OTM-1822	Exercises in Grammar Gr. 6
OTM-1823	Exercises in Grammar Gr. 7
OTM-1824	Exercises in Grammar Gr. 8
OTM-620	Exploration Gr. 4-6
OTM-1054	Exploring Canada Gr. 1-3
OTM-1056	Exploring Canada Gr. 1-6
OTM-1055	Exploring Canada Gr. 4-6
OTM-820	Exploring My School and Community Gr. 1
OTM-1639	Fables B/W Pictures
OTM-1415	Fables Gr. 4-6
OTM-14168	First 100 Sight Words Gr. 1
OTM-14170	Flowers for Algernon NS Gr. 7-8
OTM-14128	Fly Away Home NS Gr. 4-6
OTM-405	Food: Fact, Fun & Fiction Gr. 1-3
OTM-406	Food: Nutrition & Invention Gr. 4-6
OTM-2118	Force and Motion Gr. 1-3
OTM-2119	Force and Motion Gr. 4-6
OTM-14172	Freckle Juice NS Gr. 1-3
OTM-14209	Giver, The NS Gr. 7-8
OTM-1114	Graph for all Seasons Gr. 1-3
OTM-1490	Great Expectations NS Gr. 7-8
OTM-14169	Great Gilly Hopkins NS Gr. 4-6
OTM-14238	Greek Mythology Gr. 7-8
OTM-2113	Growth & Change in Animals Gr. 2-3
OTM-2114	Growth & Change in Plants Gr. 2-3
OTM-2104	Habitats Gr. 4-6
OTM-14205	Harper Moon NS Gr. 7-8
OTM-14136	Hatchet NS Gr. 7-8
OTM-14184	Hobbit NS Gr. 7-8
OTM-14250	Holes NS Gr. 4-6
OTM-1848	How To Give a Presentation Gr. 4-6
OTM-14125	How To Teach Writing Through 7-9
OTM-1810	How To Write a Composition 6-10
OTM-1809	How To Write a Paragraph 5-10
OTM-1808	How To Write an Essay Gr. 7-12
OTM-1803	How To Write Poetry & Stories 4-6
OTM-407	Human Body Gr. 2-4
OTM-402	Human Body Gr. 4-6
OTM-605	In Days of Yore Gr. 4-6
OTM-606	In Pioneer Days Gr. 2-4
OTM-241	Incredible Dinosaurs Gr. P-1
OTM-14177	Incredible Journey NS Gr. 4-6
OTM-14100	Indian in the Cupboard NS Gr. 4-6
OTM-14193	Island of the Blue Dolphins NS 4-6
OTM-1465	James & The Giant Peach NS 4-6
OTM-1625	Japan B/W Pictures
OTM-106	Japan Gr. 5-8
OTM-1461	Julie of the Wolves NS Gr. 7-8
OTM-502	Junior Music for Fall Gr. 4-6
OTM-505	Junior Music for Spring Gr. 4-6
OTM-506	Junior Music Made Easy for Winter Gr. 4-6
OTM-14140	Kids at Bailey School Gr. 2-4
OTM-298	Learning About Dinosaurs Gr. 3
OTM-1122	Learning About Measurement Gr. 1-3
OTM-1119	Learning About Money USA Gr. 1-3
OTM-1123	Learning About Numbers Gr. 1-3
OTM-269	Learning About Rocks and Soils Gr. 2-3
OTM-1108	Learning About Shapes Gr. 1-3
OTM-2100	Learning About Simple Machines Gr. 1-3
OTM-1104	Learning About the Calendar Gr. 2-3
OTM-1110	Learning About Time Gr. 1-3
OTM-1450	Legends Gr. 4-6
OTM-14130	Life & Adv. of Santa Claus NS 7-8
OTM-210	Life in a Pond Gr. 3-4
OTM-630	Life in the Middle Ages Gr. 7-8
OTM-2103	Light & Sound Gr. 4-6
OTM-14219	Light in the Forest NS Gr. 7-8
OTM-1446	Lion, Witch & the Wardrobe NS 4-6
OTM-1851	Literature Response Forms Gr. 1-3
OTM-1852	Literature Response Forms Gr. 4-6
OTM-14233	Little House on the Prairie NS 4-6
OTM-14109	Lost in the Barrens NS Gr. 7-8
OTM-14167	Magic School Bus Gr. 1-3
OTM-14247	Magic Treehouse Gr. 1-3
OTM-278	Magnets Gr. 3-5
OTM-403	Making Sense of Our Senses K-1
OTM-294	Mammals Gr. 1
OTM-295	Mammals Gr. 2
OTM-296	Mammals Gr. 3
OTM-297	Mammals Gr. 5-6
OTM-14160	Maniac Magee NS Gr. 4-6
OTM-119	Mapping Activities & Outlines! 4-8
OTM-117	Mapping Skills Gr. 1-3
OTM-107	Mapping Skills Gr. 4-6
OTM-2116	Matter & Materials Gr. 1-3
OTM-2117	Matter & Materials Gr. 4-6
OTM-1609	Medieval Life B/W Pictures
OTM-1413	Mice in Literature Gr. 3-5
OTM-14180	Midnight Fox NS Gr. 4-6
OTM-1118	Money Talks – Gr. 3-6
OTM-1497	Mouse & the Motorcycle NS 4-6
OTM-1494	Mr. Poppers Penguins NS Gr. 4-6
OTM-14201	Mrs. Frisby & Rats NS Gr. 4-6
OTM-1826	Multi-Level Spelling USA Gr. 3-6
OTM-1132	Multiplication & Division Drills 4-6
OTM-1130	Multiplication Drills Gr. 4-6
OTM-114	My Country! The USA! Gr. 2-4
OTM-1437	Mystery at Blackrock Island NS 7-8
OTM-14157	Nate the Great and Sticky Case NS Gr. 1-3
OTM-110	New Zealand Gr. 4-8
OTM-1475	Novel Ideas Gr. 4-6
OTM-14244	Number the Stars NS Gr. 4-6
OTM-2503	Numeration Gr. 1-3
OTM-14220	One in Middle Green Kangaroo NS Gr. 1-3
OTM-272	Our Trash Gr. 2-3
OTM-2121	Our Universe Gr. 5-8
OTM-286	Outer Space Gr. 1-2
OTM-118	Outline Maps of the World Gr. 1-8
OTM-1431	Owls in the Family NS Gr. 4-6
OTM-1452	Paperbag Princess NS Gr. 1-3
OTM-212	Passport to Australia Gr. 4-5
OTM-1804	Personal Spelling Dictionary Gr. 2-5
OTM-503	Phantom of the Opera Gr. 6-9
OTM-14171	Phoebe Gilman Author Study Gr. 2-3
OTM-2506	Phonics Gr. 1-3
OTM-1448	Pigs in Literature Gr. 2-4
OTM-1499	Pinballs NS Gr. 4-6
OTM-634	Pirates Gr. 4-6
OTM-2120	Planets Gr. 3-6
OTM-1874	Poetry Prompts Gr. 1-3
OTM-1875	Poetry Prompts Gr. 4-6
OTM-624	Prehistoric Times Gr. 4-6
OTM-501	Primary Music for Fall Gr. 1-3
OTM-504	Primary Music for Spring Gr. 4-6
OTM-507	Primary Music Made Easy for Winter Gr. 1-3
OTM-1120	Probability & Inheritance Gr. 7-10
OTM-1426	Rabbits in Literature Gr. 2-4
OTM-1444	Ramona Quimby Age 8 NS 4-6
OTM-2508	Reading for Meaning Gr. 1-3
OTM-14234	Reading with Arthur Gr. 1-3
OTM-14200	Reading with Curious George 2-4
OTM-14230	Reading with Eric Carle Gr. 1-3
OTM-14251	Reading with Kenneth Oppel 4-6
OTM-1427	Reading with Mercer Mayer 1-2
OTM-14142	Reading with Robert Munsch 1-3
OTM-14225	River NS Gr. 7-8
OTM-508	Robert Schumann-Life & Times Gr. 6-9
OTM-265	Rocks & Minerals Gr. 4-6
OTM-14103	Sadako and 1 000 Paper Cranes NS Gr. 4-6
OTM-404	Safety Gr. 2-4
OTM-1442	Sarah Plain & Tall NS Gr. 4-6
OTM-1601	Sea Creatures B/W Pictures
OTM-279	Sea Creatures Gr. 1-3
OTM-1464	Secret Garden NS Gr. 4-6
OTM-2502	Sentence Writing Gr. 1-3
OTM-1430	Serendipity Series Gr. 3-5
OTM-1866	Shakespeare Shorts – Performing Arts Gr. 2-4
OTM-1867	Shakespeare Shorts – Performing Arts Gr. 4-6
OTM-1868	Shakespeare Shorts – Language Arts Gr. 2-4
OTM-1869	Shakespeare Shorts – Language Arts Gr. 4-6
OTM-14181	Sight Words Activities Gr. 1
OTM-299	Simple Machines Gr. 4-6
OTM-2122	Solar System Gr. 4-6
OTM-205	Space Gr. 2-3
OTM-1834	Spelling Blacklines Gr. 1
OTM-1835	Spelling Blacklines Gr. 2
OTM-1814	Spelling Gr. 1
OTM-1815	Spelling Gr. 2
OTM-1816	Spelling Gr. 3
OTM-1817	Spelling Gr. 4
OTM-1818	Spelling Gr. 5
OTM-1819	Spelling Gr. 6
OTM-1827	Spelling Worksavers #1 Gr. 3-5
OTM-2125	Stable Structures & Mechanisms 3
OTM-14139	Stone Fox NS Gr. 4-6
OTM-14214	Stone Orchard NS Gr. 7-8
OTM-1864	Story Starters Gr. 1-3
OTM-1865	Story Starters Gr. 4-6
OTM-1873	Story Starters Gr. 1-6
OTM-2509	Story Writing Gr. 1-3
OTM-2111	Structures, Mechanisms & Motion 2
OTM-14211	Stuart Little NS Gr. 4-6
OTM-1129	Subtraction Drills Gr. 1-3
OTM-2505	Subtraction Gr. 1-3
OTM-2511	Successful Language Pract. Gr. 1-3
OTM-2512	Successful Math Practice Gr. 1-3
OTM-2309	Summer Learning Gr. K-1
OTM-2310	Summer Learning Gr. 1-2
OTM-2311	Summer Learning Gr. 2-3
OTM-2312	Summer Learning Gr. 3-4
OTM-2313	Summer Learning Gr. 4-5
OTM-2314	Summer Learning Gr. 5-6
OTM-14159	Summer of the Swans NS Gr. 4-6
OTM-1418	Superfudge NS Gr. 4-6
OTM-108	Switzerland Gr. 4-6
OTM-115	Take a Trip to Australia Gr. 2-3
OTM-2102	Taking Off With Flight Gr. 1-3
OTM-1455	Tales of the Fourth Grade NS 4-6
OTM-1472	Ticket to Curlew NS Gr. 4-6
OTM-14222	To Kill a Mockingbird NS Gr. 7-8
OTM-14163	Traditional Poetry Gr. 7-10
OTM-1481	Tuck Everlasting NS Gr. 4-6
OTM-14126	Turtles in Literature Gr. 1-3
OTM-1427	Unicorns in Literature Gr. 3-5
OTM-617	Viking Age Gr. 4-6
OTM-14206	War with Grandpa NS Gr. 4-6
OTM-2124	Water Gr. 2-4
OTM-260	Weather Gr. 4-6
OTM-1417	Wee Folk in Literature Gr. 3-5
OTM-808	What is a Community? Gr. 2-4
OTM-262	What is the Weather Today? 2-4
OTM-1473	Where the Red Fern Grows NS 7-8
OTM-1487	Where the Wild Things Are NS 1-3
OTM-14187	Whipping Boy NS Gr. 4-6
OTM-14226	Who is Frances Rain? NS Gr. 4-6
OTM-509	Wolfgang Amadeus Mozart Gr. 6-9
OTM-14213	Wolf Island NS Gr. 1-3
OTM-14221	Wrinkle in Time NS Gr. 7-8